Inhalt

Product Placement - Schleichwerbung im Fernsehen ist bald erlaubt

Kernthesen

Beitrag

Fallbeispiele

Weiterführende Literatur

Impressum

Product Placement - Schleichwerbung im Fernsehen ist bald erlaubt

K.Zirkel

Kernthesen

- Die EU-Medienminister beschlossen eine EU-Richtlinie, nach der Product Placement im Fernsehen innerhalb der Europäischen Union künftig legal sein soll.
- Ziel der Richtlinie ist es die europäischen Medien auf dem internationalen Markt konkurrenzfähig zu machen.
- 60 Prozent der Fernsehzuschauer hatten in einer Studie einen positiveren Eindruck von der Marke, sobald sie diese in einer

Fernsehsendung gesehen hatten.

Beitrag

Geht es nach dem Willen der EU-Politiker, so ist Product Placement hierzulande im Fernsehen bald legal. Während Werbungtreibende frohlocken, reagieren Verbraucherschützer und Journalistenverbände jedoch skeptisch.

Innerhalb der Europäischen Union wird es künftig erlaubt sein, dass Unternehmen ihre Produkte im regulären Fernsehprogramm einbringen. Damit ist Product Placement, das in Deutschland bislang verboten war, auch im Fernsehen zulässig. Die Richtlinie Audiovisuelle Mediendienste ohne Grenzen soll Ende des Jahres von den EU-Medienministern beschlossen werden. Dann haben die einzelnen Mitgliedsstaaten zwei Jahre lang Zeit, diese in nationales Recht umzusetzen; das Gesetz wird voraussichtlich ab 2009 in Kraft treten. Ziel der Liberalisierung ist es die europäischen Medien, die sich ohne neue Finanzierungsformen auf dem internationalen Markt nur schwer durchsetzen könnten, wettbewerbsfähiger zu machen.
Unter Product Placement wird dabei die im Austausch gegen Geld oder anderer Vorteile vorgenommene Integration eines Produktes, einer

Verpackung, Dienstleistung, eines Firmenlogos eines Markenartikels oder eines Unternehmens in Medien verstanden, ohne dass der Rezipient dies als Werbung erkennen oder als störend empfinden soll. Erlaubt ist jedoch die so genannte Produktbeistellung, bei der Firmen ihre Produkte für Filmproduktionen unentgeltlich zur Verfügung stellen (zum Beispiel Autos) und im Gegenzug beispielsweise entsprechende Firmenlogos zu sehen sind. Geld darf hierbei jedoch keines fließen. Unerlaubtes Product Placement wird auch als Schleichwerbung bezeichnet. (1), (2)

Künftig sollen Produktplatzierungen gegen Entgelt in fiktionalen Sendungen wie Kino- und Fernsehfilme, Serien, Unterhaltungs- und Sportsendungen erlaubt sein, sofern am Beginn und am Ende jedes Beitrags sowie alle 20 Minuten während der Sendung darauf hingewiesen wird. Die Einblendung darf jedoch nicht noch einmal auf das werbungtreibende Unternehmen, etwa in Form eines Logos, aufmerksam machen. Verboten ist Product Placement nach wie vor in Kinder-, Nachrichten- und Verbrauchersendungen, Dokumentationen, erlaubt ist es, sobald Hersteller ihre Produkte und Dienstleistungen unentgeltlich zur Verfügung stellen. Problematisch ist in letzterem Fall jedoch, dass der Nachweis der Einflussnahme Dritter durch direkte oder indirekte Vergünstigungen nur schwer zu führen ist: Der Übergang zwischen Schleichwerbung und Product Placement ist in der Praxis fließend. Weiterhin verboten bleibt auch die so genannte Themenplatzierung, also die Einflussnahme Werbungtreibender auf die Produktionsinhalte, sowie das Platzieren von Waren, für die ein Werbeverbot existiert, wie zum Beispiel Zigaretten und Tabak. Um den Umgang mit Produktplatzierungen zu kontrollieren, haben die EU-Medienminister eine Verpflichtung in die Richtlinie integriert, nach der unabhängige Institutionen die Einhaltung der Richtlinie überwachen müssen. In Deutschland sind das die Landesmedienanstalten sowie die Kontrollgremien der öffentlich-rechtlichen Programme. (1), (2), (3)

Diskrete Werbung kommt besser an

90 Prozent aller Zuschauer haben den Einsatz von Produkten in Fernseh- und Kinofilmen bereits mindestens einmal registriert. In Zeiten, in denen die Wirkung klassischer Werbung nachlässt, ist die Verwendung eines Produkts als Requisit in der Branche ein beliebtes Mittel, um sich gegen die zunehmende Werbemüdigkeit der Kunden zu behaupten.

Studien bescheinigen dieser Form der Werbung sogar eine nachhaltigere Wirkung als konventionelle Werbespots. Product Placement boomt vor allem im Fernsehen, das hat eine Studie des Marktforschungsinstituts PQ Media gezeigt. Dabei flossen 71,4 Prozent aller Ausgaben für diese Werbeform, das entspricht 2,4 Milliarden US-Dollar, im vergangenen Jahr ins Fernsehen. Für 2007 wird ein Plus von 33,9 Prozent erwartet.
Doch Product Placement kann nach Meinung von Experten die klassische Marketingkommunikation nicht ersetzen - sie ist vielmehr als möglicher Baustein unter vielen innerhalb des Mediamix zu sehen. Zu diesem Ergebnis kommt auch eine Studie des Marktforschungsinstituts Nielsen Media Research, nach der sich 46,6 Prozent aller Testpersonen an eine Marke erinnerten, die sie in einem Werbespot gesehen haben. Deutlich mehr, 58 Prozent waren es, sobald eine Produktplatzierung hinzu kam. Knapp 60 Prozent aller Befragten hatten einen positiveren Eindruck von der Marke, sobald sie diese in einer Fernsehsendung gesehen hatten. (1), (4), (5)

Product Placement, so das Ergebnis einer Studie, funktioniert jedoch erst, wenn eine Marke vorher bereits mit bestimmten Merkmalen belegt ist, also das Image bereits aufgebaut ist. Erst dann besteht die Chance, dass der Zuschauer das Produkt in der

Umgebung einer Filmhandlung bemerkt. Eine gezielte Produktplatzierung kann dann ein Markenimage verstärken. Damit Product Placement seine volle Wirkung entfalten kann, ist es wichtig, dass das Image von Produkt und der Filmfigur, die das Produkt nutzt, übereinstimmen. Die Wahrnehmungsquote von Zuschauern, die sich mit dem Produkt identifizieren, ist fast dreimal höher. Nicht weniger wichtig ist die Platzierung des Produkts im direkten Umfeld des Hauptdarstellers - hier wird das Produkt doppelt so häufig erinnert. Produktplatzierungen sind eine relativ unkomplizierte Möglichkeit, um eine Marke fester in den Köpfen der Kunden zu verankern. Die Mehrheit der befragten Testpersonen empfand diese Form der Werbung als gar nicht oder wenig störend, über die Hälfte hat sich an das Produkt erinnert und konnte es zuordnen. Die Testpersonen standen Produktplatzierungen aufgeschlossen gegenüber, nur jeder Neunte lehnte diese Form der Werbung strikt ab. Auffällig ist, dass vor allem Frauen und jüngere Zuschauer die Produktintegration bemerken. (4)

Die Liberalisierung des Gesetzes zum Product Placement wird vom Bund Deutscher Zeitungsverleger (BDZV), vom Verband Deutscher Zeitschriftenverleger (VDZ) und vom Deutschen Journalistenverband (DJV) heftig kritisiert. Sic türchten, dass die gesetzlich vorgeschriebene

Trennung zwischen Werbung und Redaktion aufweicht und sehen die Unabhängigkeit und Glaubwürdigkeit der Medien generell in Gefahr. Der Bundesverband Deutscher TV-Produzenten fürchtet zudem die Gefahr, dass TV-Produzenten ein Drehbuch danach ausrichten, von welcher Firma das beste Product Placement zu erhalten ist - womit der Korruption Tür und Tor offen stünde. (6), (7)

Fallbeispiele

Die Diskussion über Product Placement reicht bis ins Jahr 2005 zurück, als die Produktionsfirma Bavaria Film Schleichwerbung in der ARD-Vorabendserie **Marienhof** betrieben hatte ein Fall, der dem Ruf dieser Werbeform nachhaltig geschadet hat. Auch in der ARD-Ärzteserie **In aller Freundschaft** haben Pharmakonzerne jahrelang Schleichwerbung für Medikamente betrieben. Es handelte sich dabei um das Epilepsie-Präparat Keppra des Pharmakonzerns UCB Pharma, das in der Serie indirekt beworben wurde. Die Pharmaunternehmen AstraZeneca, Novartis und Sanofi-Aventis verweigerten jegliche Auskunft zu den Schleichwerbefällen. In Deutschland ist Werbung für verschreibungspflichtige

Medikamente beim Laienpublikum verboten. (8)

Wegen Schleichwerbung rügte die Aufsichtsbehörde MABB des TV-Konzerns ProSiebenSat1 die Sendung **WOK-WM** unter Moderation von Stefan Raab, die im März 2006 auf dem Privatsender ProSieben ausgestrahlt wurde. Dieser klagt nun gegen die Rüge mit der Begründung, dass die werblichen Einwürfe rechtmäßig waren. Die Medienhüter kritisieren, dass der Name des Wettanbieters Betandwin zwei Mal genannt wurde. Derzeit wird von unabhängigen Prüfern untersucht, ob die im Umfeld des Bratpfannenrennens platzierte Markenwelt zulässig ist. (9)

Auf Einladung der Bundeszentrale für Politische Bildung haben Hörfunkjournalisten im Tutzinger Appell für ein glaubwürdiges Radio die Initiative **Fair Radio** gegründet. Die Initiative sieht vor, dass die sorgfältige Recherche künftig vor Schnelligkeit geht, Reporter, die angeblich vom Ort des Geschehens berichten, nicht tatsächlich im Studio sitzen sollen, Live-Reportagen nicht aufgezeichnet werden sollen, sondern tatsächlich live sind oder dass PR-Beiträge nicht ins redaktionelle Programm, sondern im Werbeblock integriert werden. Ziel der Initiative ist es im Hörfunk wieder mehr Glaubwürdigkeit und Qualität zu erreichen. (10)

Weiterführende Literatur

(1) Eichmeier, Doris, Öffnung einer Tabuzone, werben und verkaufen, Nr. 24, 14.06.2007, s. 70
aus werben und verkaufen Nr. 24 vom 14.06.2007 Seite 070

(2) Mehrheit für "Schleichwerbung"
aus Lebensmittel Zeitung 36 vom 08.09.2006 Seite 037

(3) Neue Werbefreiheit
aus Lebensmittel Zeitung 19 vom 11.05.2007 Seite 028

(4) Werbers Trojanische Pferde
aus Absatzwirtschaft Nr. 08 vom 01.08.2007 Seite 050

(5) Pellikan, Leif / Eck, Sigrid, Die Legalisierung des Sündenfalls, werben und verkaufen, Nr. 22, 31.05.2007, S. 42
aus werben und verkaufen Nr. 22 vom 31.05.2007 Seite 042

(6) Kirst, Nina, Angst vor grenzenloser Werbung, kress report, 1.06.2007, Nr. 11, S. 35
aus werben und verkaufen Nr. 22 vom 31.05.2007 Seite 042

(7) Keine Lust auf "leckere Placement-Angebote"
aus Der Kontakter Nr. 23 vom 04.06.2007 Seite 025

(8) ARD: Schleichwerbung in Ärzteserie
aus Medienbote, Ausgabe 734/2007, Vol. 4, S. 3

(9) O.V., Wok-WM vor dem Kadi, werben und verkaufen, Nr. 36, 6.09.2007, S. 8
aus werben und verkaufen Nr. 36 vom 06.09.2007 Seite 008

(10) Appell an Glaubwürdigkeit
aus Der Kontakter Nr. 33 vom 13.08.2007 Seite 033

Impressum

Product Placement - Schleichwerbung im Fernsehen ist bald erlaubt

Bibliografische Information der deutschen Nationalbibliothek

Die Deutsche Nationalbibliothek verzeichnet diese Publikation in der deutschen Nationalbibliografie; detaillierte bibliografische Daten sind im Internet über http://dnb.d-nb.de abrufbar.

ISBN: 978-3-7379-0745-3

© 2015 GBI-Genios Deutsche Wirtschaftsdatenbank GmbH, Freischützstraße 96, 81927 München, www.genios.de

Alle Rechte vorbehalten. Dieses Werk ist einschließlich aller seiner Teile – z.B. Texte, Tabellen und Grafiken - urheberrechtlich geschützt. Jede Verwertung außerhalb der Grenzen des Urheberrechtsgesetzes bedarf der vorherigen Zustimmung des Verlags. Dies gilt insbesondere auch für auszugsweise Nachdrucke, fotomechanische

Vervielfältigungen (Fotokopie/Mikroskopie), Übersetzungen, Auswertungen durch Datenbanken oder ähnliche Einrichtungen und die Einspeicherung und Verarbeitung in elektronischen Systemen.